## VENTE

Par suite du Décès de M. Ernest COUSIN

# OBJETS D'ART

ET

## D'AMEUBLEMENT

## TABLEAUX, DESSINS, ESTAMPES

## Tapisseries

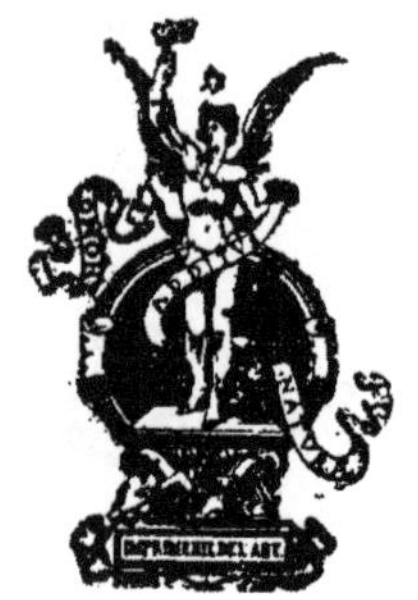

# CATALOGUE

## DES

# OBJETS D'ART & D'AMEUBLEMENT

## ANCIENS ET DE STYLES

## Tableaux, Dessins, Estampes

### FAIENCES ET PORCELAINES

# MEUBLES ET SIÈGES

Bureaux, Commodes, Secrétaires, Armoires
Buffets, Trumeaux, en bois de placage et bois sculpté
Fauteuils, Bergères, Marquises

### AMEUBLEMENT DE SALON EN ANCIENNE TAPISSERIE DU XVIIIᵉ SIÈCLE

## BRONZES D'AMEUBLEMENT

### PENDULES, LUSTRES, CANDÉLABRES

## Objets variés

# TAPISSERIES ANCIENNES

### TAPIS D'ORIENT

DONT LA PREMIÈRE VENTE

## Par suite du Décès de Monsieur Ernest COUSIN

AURA LIEU

# HOTEL DROUOT, SALLE Nº 6

## LE SAMEDI 15 MARS 1913

*à deux heures*

| COMMISSAIRE-PRISEUR | EXPERTS |
|---|---|
| **Mᶜ F. LAIR-DUBREUIL** | **MM. PAULME & B. LASQUIN Fils** |
| 6, rue Favart | 10, r. Chauchat, 11, r. Grange Batelière |

**PARIS**

*Chez lesquels se distribue le présent Catalogue*

## EXPOSITION PUBLIQUE

Le Vendredi 14 Mars 1913, salle nº 6, de 1 heure 1/2 à 6 heures

## CONDITIONS DE LA VENTE

Elle sera faite au comptant.

Les adjudicataires paieront *dix pour cent* en sus des enchères.

L'exposition mettant le public à même de se rendre compte de l'état et de la nature des objets, aucune réclamation ne sera admise une fois l'adjudication prononcée.

## AVIS

**Une seconde vente comprenant : Faïences, Porcelaines, Armes, Étoffes, Meubles, etc., aura lieu ultérieurement.**

Paris. — Imp. de l'Art, Ch. Berger, 41, rue de la Victoire.

# DÉSIGNATION

## ESTAMPES

### BERGHEM (D'après)

1 — *Ancien Port de Gênes. — Le Rachat de l'esclave.*

Deux estampes, par J. ALIAMET. Encadrées.


### BOREL ET FRAGONARD (D'après)

2 — *J'y passerai. — La Cachette découverte.*
Deux estampes, par DE LAUNAY.


### BOUCHER ET AUTRES (D'après)

3 — *Études de têtes.*
Quatre estampes à la sanguine, par DEMARTEAU.


### CALLOT

4 — Suite de gravures : les Misères et les Malheurs de la guerre.


### COLIBERT

5 — *Les Dénicheurs.*
Estampe anglaise.

## DEBUCOURT

*805*

6 — *Les Bouquets ou la Fête de la Grand'maman.*

Estampe ancienne imprimée en couleur. Sans marge. Encadrée.

## DURER (Albert)

7 — *Les Offres d'amour.*

Gravure.

## GAINSBOROUGH (D'après)

*105*

8 — *His Royal Highness George Prince of Wales.*

Estampe anglaise, gravée par J. R. Smith. Encadrée.

## GÉRARD (D'après Mlle)

*1H0*

9 — *Le Présent. — L'Espoir du retour. — Je m'occupois de vous.*

Trois estampes, par Vidal. Encadrées.

## GRIMOUX (D'après)

10 — *Portrait de Femme.*

Estampe ancienne, par Blot. Encadrée.

## HUET (D'après)

11 — *Paysage avec chaumière, enfants et person-nages.*

Estampe coloriée.

## LANCRET ET BOUCHER (D'après N.)

12 — *Le Gascon puni. — Le Faucon. — Le Calen-
drier des Vieillards. — Nicaise.*

Quatre estampes, gravées par DE LARMESSIN.
Encadrées.

## LE ROY ET TOUZÉ (D'après)

13 — *La Cuisinière française. — Le Malin jar-
dinier.*

Deux estampes anciennes, par DIEN. Encadrées.

## WATTEAU (D'après)

14 — *L'Aventurière.*

Estampe ancienne, par CRÉPY. Encadrée.

15 — *Auguste III, roi de Pologne. — Le Duc de
Bourgogne et le Duc d'Anjou.*

Gravures. Encadrées.

16 — Gravures non décrites.

# TABLEAUX, DESSINS

### BERGHEM (Attribué à)

*Ho*

17 — *Personnages et animaux dans un paysage.*

Toile.

Cadre en bois sculpté doré. Époque Louis XIV.

### CHARDIN (D'après)

18 — *La Gouvernante.*

Toile.

### ÉCOLE ESPAGNOLE

19 — *Jésus portant la croix.*

Toile.

### ÉCOLE FLAMANDE (Fin du xvi$^e$ siècle)

20 — *Mise au tombeau.*

Panneau.

### ÉCOLE FRANÇAISE (Époque Louis XIV)

Ho5.

21 — *Portrait d'Homme en buste, tenant un feuillet.*

Toile.

Cadre, époque Louis XIV, en bois sculpté doré.

### ÉCOLE FRANÇAISE (xviii$^e$ siècle)

3o5.

22 — *Amours moissonneurs.*

Toile.

### ÉCOLE FRANÇAISE (xviiie siècle)

23 — *Paysage accidenté, avec rivière et personnages péchant.*

> Toile.
> Cadre en bois sculpté doré. Époque Louis XVI.

*400.*

### ÉCOLE FRANÇAISE (xviiie siècle)

24 — *Hôtel de la Monnaie, par Gabriel.*

> Dessin au trait lavé d'encre de Chine.

### ÉCOLE FRANÇAISE

25 — *Portrait d'Homme au turban.*

> Toile.

*190.—*

### ÉCOLE FRANÇAISE

26 — *Portrait de Dame de qualité, en Diane.*

> Panneau.

### ÉCOLE FRANÇAISE

27 — *Jeune Femme en buste, robe décolletée, chevelure poudrée, ruban bleu au cou.*

> Toile.

*260.—*

### ÉCOLE FRANÇAISE

28 — *Le Temple de l'Amour dans le parc de Trianon, à Versailles.*

> Dessin à la plume et sépia.

*150.—*

## ÉCOLE FRANÇAISE

29 — *Le Berger entreprenant.*

Toile.

## ÉCOLE HOLLANDAISE

30 — *Marine.*

Panneau.

Cadre en bois sculpté. Époque Louis XIV.

## ÉCOLE HOLLANDAISE

31 — *Cavalier sanglant son cheval dans un paysage.*

Panneau.

## ÉCOLE HOLLANDAISE

32 — *Intérieur de cuisine.*

Toile.

Cadre ancien en bois sculpté doré.

## ÉCOLE ITALIENNE

33 — *Paysage d'Italie, animé de personnages.*

Toile.

## GÉRARD (Attribué au Baron)

34 — *Psyché et l'Amour.*

Toile.

### HUBERT-ROBERT (Genre de)

35 — *Escalier et arc de triomphe.*
Dessin à la plume et sépia.

### INCONNU

36 — *Paysage avec rivière et deux hommes causant sur le bord d'une route.*
Toile.

### INCONNU

37 — *Paysage* et *Vue de la place Saint-Marc à Venise.*
Panneaux.
Cadres anciens en bois sculpté.

### LAGRENÉE

38 — *Sujets tirés de l'histoire ancienne.*
Deux dessins au lavis d'encre de Chine, faisan pendants.

### LE PRINCE (École de J.-B.)

39 — *Bohémiens jouant aux cartes dans un paysage.*
Toile.

### MIGNARD (Attribué à)

40 — *Portrait de Femme, en robe blanche décolletée*
Toile ovale.

## MONNOYER (Attribué à Baptiste)

*540.—* 41 — *Vase de fleurs sur une console de marbre.*
Toile.

## PARIZEAU

42 — *La Marchande de lait.*
Dessin au crayon.

## PORTAIL (D'après)

43 — *Jeunes Femmes jouant aux cartes.*
Dessin à la sanguine.
Cadre ancien en bois sculpté doré.

## RIGAUD (Attribué à H.)

44 — *Portrait présumé de Philippe V.*
Toile.
Cadre ancien en bois sculpté.

## TENIERS (Genre de)

45 — *Tentation.*
Panneau.
Cadre ancien en bois sculpté.

46 — Tableaux, dessins non décrits.

# FAIENCES

## ET PORCELAINES

47 — Deux petites potiches couvertes en ancienne porcelaine de Chine, décor d'enfants, oiseaux sacrés au milieu de feuillages et fleurs, en couleur.

48 — Deux paires de vases en porcelaine de Paris, modèles variés, en couleur et dorure. Commenmencement du XIXᵉ siècle.

49 — Grande jardinière ronde en ancienne faïence, décor bleu.

50 — Potiches à pans en ancienne faïence de Delft, décor bleu.

51 — Deux potiches en ancienne faïence de Delft, décor bleu : fleurs dans des réserves.

52 — Deux plats et deux assiettes en ancienne porcelaine de la Compagnie des Indes, décor européen à personnages et fleurs.

53 — Partie de service de table en ancienne faïence de Strasbourg, décors variés au Chinois et à la rose.

54 — Faïences et porcelaines non décrites.

# BRONZES D'ART

## ET D'AMEUBLEMENT

### PENDULES, CANDÉLABRES, CHENETS, ETC.

55 — Deux flambeaux d'autel en bronze patiné. xviiᵉ siècle.

56 — Deux flambeaux d'autel en métal argenté. xviiiᵉ siècle.

57 — Paire de chenets en bronze patiné et doré, composés chacun d'un lion couché, sur un socle à décor d'attributs et feuillages. Fin du xviiiᵉ siècle.

58 — Paire de bras-appliques, à une lumière, en bronze ciselé à rocailles et fleurs. xviiiᵉ siècle.

59 — Cartel avec son socle de suspension cul-de-lampe en bois peint, ornés de bronzes rocailles. Le cadran marqué : *A. Eschmann à Luzern.* xviiiᵉ siècle.

60 — Cartel en bronze ciselé doré, à décor de rocailles. Le cadran marqué : *Aubry à Paris.* Époque Louis XV.

61 — Pendule-cartel et son socle de suspension cul-de-lampe, de forme mouvementée, en marqueterie de cuivre et d'écaille, ornée de bronzes ciselés et dorés, à rocailles et fleurettes. Le cadran marqué : *Verdier à Paris*. Époque Louis XV.

62 — Pendule de voyage en bronze ciselé doré. Le cadran marqué : *Bisson à Paris*. Époque Louis XVI.

63 — Paire de vases en bronze patiné et doré. Ils reposent sur des socles-fûts à cannelures. Époque Empire.

64 — Paire de candélabres, à quatre lumières, en bronze patiné et doré, faits chacun d'une statuette d'Amour, portant le bouquet de lumières. Époque Empire.

65 — Pendule en bronze ciselé, patiné et doré. Le cadran renfermé dans une borne simulant une fontaine, agrémentée de deux figurines de femmes et un Amour. Le cadran marqué : *Miné à Paris*. Époque Empire.

66 — Pendule en bronze ciselé et doré, à colonnettes. Époque Restauration.

67 — Paire de candélabres en bronze ciselé et doré, à quatre lumières. Époque Restauration.

68 — Petite pendule en bronze ciselé et doré, à décor de branches de laurier et couronnement fait d'un vase enguirlandé.

69 — Lanterne d'antichambre en métal peint, décorée de feuillages avec fleurettes en porcelaine.

70 — Bronzes non décrits.

# OBJETS VARIÉS

71 — Bouclier, casque, quatre épées, un couteau et deux petits pistolets. XVII$^e$, XVIII$^e$, XIX$^e$ siècles.

72 — Miniature sur vélin, du XVII$^e$ siècle : Enfant Jésus, dans un encadrement de fleurs.

73 — Deux miniatures rectangulaires sur vélin : Ermite et Sainte Femme. Cadres anciens en bois sculpté doré.

74 — Cadre en bois sculpté doré, décor d'arabesques. Époque Louis XIV.

75 — Cadre en bois sculpté doré, décor d'arabesques et coquilles. Époque Louis XIV.

76 — Huit cadres anciens et modernes, de modèles variés, en bois sculpté.

77 — Grande fontaine à deux robinets et son bassin en cuivre. XVIII$^e$ siècle.

78 — Deux ornements-appliques en bois sculpté, à têtes de chérubins. xviiie siècle.

79 — Statuette de saint personnage, debout, en ivoire sculpté. xviiie siècle. Socle en bois noir.

80 — Cartel et baromètre en bois sculpté doré, décor de vases, mufles de lion et culots de feuillages.

81 — Poupée costumée, fin Louis XVI.—Vitrine-cage en bois et verre.

82 — Ecritoire et coffret en laque de Perse.

83 — Objets variés non décrits.

# SIÈGES

84 — Chaise en bois tourné et ciré, du xviie siècle, garnie au siège et au dossier de tapisserie au point, à fleurs et feuillages.

85 — Deux chaises en bois tourné et ciré, garniture de damas rouge. xviie siècle.

86 — Fauteuil en bois tourné, garni de cuir, décoré de rinceaux. xviie siècle.

87 — Fauteuil, à haut dossier, en bois sculpté doré. xviie siècle. Garniture siège et dossier d'ancienne tapisserie au point, à rosaces et arabesques.

*500*  88 — Six chaises en bois, à dossier ajouré et sculpté, à décor de colombes. Sièges paillés. Fin du XVIIIe siècle.

*515*  89 — Fauteuil en bois sculpté, mouluré et ciré, à décor de rocailles et feuillages. Époque Louis XV. Il est recouvert de tapisserie au point, à grosses fleurs, feuillages et fruits.

*150*  90 — Fauteuil en bois mouluré et ciré, époque Louis XV, recouvert d'ancienne tapisserie au point, à fleurs et fruits.

*205*  91 — Bergère en bois sculpté ciré, décor de rocailles, fleurettes et feuillages. Époque Louis XV. Garniture et coussin mobile en soie brochée à fond vert.

*320.*  92 — Bergère, de forme contournée, en bois mouluré et ciré. Époque Louis XV. Garniture et coussin mobile en velours vert.

*3 170*
*Samson*  93 — Petit ameublement de boudoir en bois sculpté, peint et doré, à dossiers ajourés, à vases simulés. Garniture de soie à rayures et fleurettes. Il comprend un canapé et quatre fauteuils. Époque Louis XVI.

*400.*  94 — Fauteuil, à dossier-médaillon, en bois mouluré et ciré. Époque Louis XVI. Il est garni au siège et au dossier de tapisserie d'Aubusson du XVIIIe siècle, à touffes de fleurs et feuillages.

95 — Fauteuil, à dossier-médaillon, en bois mouluré, peint blanc. Époque Louis XVI. Il est garni d'ancienne tapisserie au point, à rayures, feuillages et fleurettes.

96 — Fauteuil en bois sculpté, peint et doré. Époque Louis XVI. Il est garni aux siège, dossier et manchettes, de tapisserie d'Aubusson du xviiie siècle, présentant des animaux et volatiles. Encadrement à draperies.

97 — Fauteuil en bois sculpté, laqué blanc et partiellement doré, à accotoirs-balustres et pieds fuselés et cannelés. Époque Louis XVI. Garniture de soie blanche brochée, à bouquets de fleurettes.

98 — Fauteuil en bois sculpté, peint gris, dossier carré à colonnettes détachées. Époque Louis XVI. Garniture de soie bleu ciel brochée.

99 — Deux fauteuils, à dossiers-médaillons, en bois sculpté, repeint gris, à décor d'enroulement de ruban de perles. Époque Louis XVI. Garniture de soie crème brochée, à rayures et petits bouquets de fleurs.

100 — Deux chaises en bois sculpté ciré, à dossier ajouré à colonnettes cannelées et panaches. Époque Louis XVI. Garniture de velours rouge épinglé.

101 — Chaise-chauffeuse en bois sculpté peint, décor de rais-de-cœur, perles, rosaces et entrelacs. Époque Louis XVI. Garniture de velours rouge.

102 — Fauteuil, de forme mouvementée, en bois mouluré sculpté, peint à décor de fleurettes. Époque Louis XVI. Recouvert de soie brochée à fond rose.

103 — Fauteuil en bois mouluré sculpté, laqué blanc. Époque Louis XVI. Garni de soie brochée à fond rouge.

104 — Fauteuil, à dossier carré, en bois sculpté, peint gris et partiellement doré, décor de feuillages et enroulement de ruban. Époque Louis XVI. Garniture de soie blanche brochée, à rayures et fleurettes.

105 — Fauteuil en bois sculpté, repeint et partiellement doré. Époque Louis XVI. Recouvert de velours épinglé, à médaillons et nœuds de ruban sur fond crème.

106 — Deux chaises en bois sculpté, repeint blanc, à dossier ajouré, à colonnettes cannelées et panaches. Époque Louis XVI. Garniture de soie à rayures bleues et crèmes.

107 — Ameublement de salon, comprenant : un canapé, quatre fauteuils et deux tabourets, en bois doré, recouvert d'ancienne et fine tapisserie du xviii⁰ siècle. Chacun des sièges et

dossiers offre une composition à sujets d'animaux dans un médaillon au centre d'arabesques, feuillage et fleurs (Variante dans la composition des sièges des tabourets).

Long. du canapé, 1 m. 90 cent.<br>Larg. d'un fauteuil, 0 m. 70 cent.

108 — Fauteuil en acajou, à filets de cuivre incrustés. Époque Directoire.

109 — Canapé en bois sculpté ciré, partiellement doré et peint, décor de vases, palmettes, rosaces, pieds de devant à griffes. Commencement du XIX<sup>e</sup> siècle. Garniture d'étoffe verte.

110 — Quatre chaises en acajou, à dossiers ajourés, à pieds de biches sur le devant. Époque Empire. Sièges garnis de velours rouge.

111 — Bergère en bois sculpté, peint blanc. Époque Empire. Garniture et coussin mobile, en étoffe, à rayures crème et rose.

112 — Deux chaises en acajou, à dossiers ajourés, décorés d'amours et de motifs-appliques en bronze doré. Époque Empire.

113 — Petit fauteuil bas en acajou, dossier à têtes de béliers. Époque Empire. Garni de damas à fond jaune.

114 — Deux chaises, à dossiers cintrés, en acajou. Coussins mobiles. Époque Restauration.

115 — Marquise en bois sculpté doré, décor d'enroulement et nœud de ruban, pieds fuselés et cannelés.

116 — Deux fauteuils en bois mouluré peint, à dossiers carrés, garnis aux sièges et aux dossiers d'ancienne tapisserie au point, à décors variés de vases et corbeilles de fleu, s, guirlandes et arabesques, sur fond jaune.

117 — Fauteuil et deux chaises en bois peint blanc, dossiers ajourés à lyre, sièges paillés, munis d'un coussin en velours.

118 — Sièges non décrits.

# MEUBLES

119 — Crédence en bois sculpté ciré, à décor de colonnettes-balustres aux angles, rosases, rinceaux. Elle est munie de deux portes et deux tiroirs. XVII$^e$ siècle.

120 — Chaise à porteurs en bois sculpté doré. XVIII$^e$ siècle.

121 — Armoire en bois mouluré ciré, ouvrant à deux portes décorées de cannelures. XVIII$^e$ siècle.

122 — Buffet à deux corps en bois mouluré ciré, ouvrant à quatre portes et deux tiroirs. XVIII$^e$ siècle.

123 — Buffet à deux corps en bois mouluré, ouvrant
à quatre portes. xviiiᵉ siècle.

124 — Bas de buffet en bois mouluré ciré, ouvrant
à deux portes et un tiroir. xviiiᵉ siècle.

125 — Petite commode en bois sculpté ciré, à
devant cintré. Elle est munie de trois rangs de
tiroirs. xviiiᵉ siècle.

126 — Bureau plat en bois de placage, muni de
trois tiroirs et deux tirettes. En partie du xviiiᵉ
siècle.

127 — Lit en bois sculpté et ciré, à décor de
rosaces, pommes de pin. xviiiᵉ siècle.

128 — Commode en bois mouluré, ornée de bronzes.
xviiiᵉ siècle.

129 — Petit trumeau en bois sculpté doré, décoré
d'un fixé peint sous verre, en grisaille : Jeux
d'enfants. xviiiᵉ siècle.

130 — Trumeau étroit en bois sculpté peint et
doré, à décor médaillons à attributs. En partie
du xviiiᵉ siècle.

131 — Petite table-tricoteuse en acajou et moulures de
cuivre, munie de deux tablettes d'entrejambes
et d'un tiroir. Fin du xviiiᵉ siècle.

450

132 — Bureau en bois de placage et incrustations de filets d'étain ; il repose sur huit pieds, à croisillons ; ouvre à abattant et est muni d'une porte et quatre tiroirs. Époque Louis XIV.

130.

133 — Miroir, dans un cadre à fronton en bois sculpté redoré. Époque Louis XIV.

700

134 — Commode, de forme mouvementée, en bois de placage, à trois rangs de tiroirs. Dessus de marbre. Époque Louis XV. Ornementations de bronzes ciselés, tels que : chutes à mascarons, entrées de serrures, poignées, sabots, cul-de-lampe, etc.

580

135 — Commode, de forme mouvementée, en bois de placage, à trois rangs de tiroirs. Dessus de marbre. Époque Louis XV. Garniture de bronzes.

125

136 — Commode en bois de placage, à trois rangs de tiroirs. Époque Louis XV. Garniture de bronzes.

115

137 — Petite table de chevet en bois de placage, à face mouvementée. Pieds cambrés. Munie d'une porte simulant des tiroirs. Époque Louis XV.

220

138 — Petite console d'applique, de forme mouvementée, en bois sculpté doré, à décor de rocailles et feuillages. Dessus de marbre blanc. Époque Louis XV.

139 — Petite console d'applique en bois sculpté doré, à décor de rocailles, coquilles, guirlandes, et vase à l'entrejambes. Dessus de marbre. Époque Louis XV.

140 — Commode à léger ressaut central, sur pieds, cambrés, en marqueterie à carrelage. Elle est munie de deux tiroirs. Dessus de marbre blanc. Époque Louis XVI. Garniture de bronzes.

141 — Meuble, formant secrétaire, en bois de placage. Il ouvre à abattant et quatre portes. Dessus de marbre. Époque Louis XVI.

142 — Secrétaire droit à angles abattus en bois de placage, ouvrant à abattant, tiroirs et deux portes. Dessus de marbre de couleur. Époque Louis XVI.

143 — Commode, de forme droite, à léger ressaut central, angles abattus, en marqueterie de bois de placage. Elle ouvre à deux tiroirs. Dessus de marbre. Époque Louis XVI. Garniture de bronzes.

144 — Petite commode, sur pieds élevés et cambrés, ouvrant à deux tiroirs, en bois de placage. Dessus de marbre. Époque Louis XVI. Garniture de bronzes.

145 — Petite commode, de forme droite, plaquée de bois de rose, à pieds carrés en gaine. Elle est munie de trois tiroirs. Estampille de *Dubois*. Dessus de marbre blanc. Époque Louis XVI. Garniture de bronzes.

146 — Bureau en bois de placage, à pieds carrés en gaine ; il supporte une étagère, à dessus de marbre blanc. Muni de quatre tiroirs. Époque Louis XVI.

147 — Table à jeu, demi-lune à volet, en acajou, à moulure de cuivre. Époque Louis XVI.

148 — Table tric-trac, formant bureau, en acajou. Époque Louis XVI.

149 — Petite table ovale, munie de trois tiroirs et d'une tablette d'entrejambes, en bois plaqué d'acajou. Dessus de marbre blanc, galerie ajourée en cuivre. Époque Louis XVI.

150 — Petite table en bois de placage, munie de trois tiroirs et d'une tablette d'entrejambes. Époque Louis XVI.

151 — Petit guéridon rond, à trépied, en bois, à décor de cannelures. Dessus de marbre blanc, ceinturé d'une galerie ajourée en cuivre. Époque Louis XVI.

152 — Console en bois sculpté, redoré, à deux pieds reliés par un entrejambes à vase. Dessus de marbre. Époque Louis XVI.

153 — Trumeau en bois sculpté peint et partiellement doré, à décor d'attributs. Époque Louis XVI.

151 — Lit en bois sculpté peint blanc, à colonnettes détachées, creusées de cannelures. Époque Louis XVI.

155 — Guéridon rond en acajou, à colonne-balustre, sur patin triangulaire. Dessus de marbre. Époque Empire. Ornementation de bronzes ciselés et dorés.

156 — Psyché en acajou. Époque Empire.

157 — Secrétaire en acajou, à colonnettes détachées, ouvrant à abattant, un tiroir et deux portes. Ornementation de bronzes dorés. Dessus de marbre. Époque Empire.

158 — Commode en acajou, à colonnettes détachées, à quatre rangs de tiroirs, ornée de bronzes dorés. Dessus de marbre. Époque Empire.

159 — Console en acajou, à pieds-gaines, sur socle, ornée de bustes de femmes couronnées de feuillages, médaillon en bronze. Dessus de marbre Époque Empire.

160 — Table à ouvrage en acajou. Dessus ouvrant à abattant et munie de deux tiroirs. Époque Restauration.

161 — Buffet, à deux corps, en bois sculpté à pointes de diamants et mouluré, ouvrant à deux portes et un tiroir.

162 — Deux petites gaines quadrangulaires en acajou, ornées de bronzes dorés.

163 — Jardinière rectangulaire, sur quatre pieds,
en bois sculpté laqué blanc, à décor d'attributs.

164 — Petite table rectangulaire en marqueterie de
bois de couleur, à carrelages et médaillons
d'attributs. Elle est munie sur les côtés d'un
tiroir formant écritoire et d'une tirette.

165 — Deux consoles en bois sculpté peint, à pieds-
volutes, ceintures à grecques et culot de feuillages. Dessus de marbre.

166 — Miroir, dans un cadre à fronton ajouré en
bois sculpté doré.

167 — Table en bois sculpté peint, à quatre faces,
décor de rosaces, entrelacs, perles et feuillages.
Dessus de marbre de couleur.

168 — Coffre en bois sculpté.

169 — Meubles non décrits.

# TAPISSERIES

## TAPIS

170 — Tapisserie rectangulaire, du XVII<sup>e</sup> siècle, présentant un épisode de l'histoire ancienne. Composition à nombreux personnages, guerriers.
Bordure d'encadrement, à cordons, chutes de
fleurs et feuillages, et ruban.

Haut., 2 m. 75 cent.; larg., 4 m. 65 cent.

171 — Panneau en ancienne tapisserie-verdure, du
XVII<sup>e</sup> siècle, présentant deux personnages dans
un paysage boisé. Bordure haut et bas à fleurs
et feuillages.

Haut., 2 m. 65 cent. ; larg , 1 m. 50 cent.

172 — Panneau en tapisserie, de l'époque Louis XIII,
présentant une chasse au bœuf sauvage.

Haut., 2 mètres ; larg., 2 mètres.

173 — Panneau en soie peinte, décorée de tiges
feuillagées et fleuries, oiseaux, papillons. Tra-
vail oriental.

174 — Neuf carpettes d'Orient.

175 — Objets omis.

www.ingramcontent.com/pod-product-compliance
Ingram Content Group UK Ltd.
Pitfield, Milton Keynes, MK11 3LW, UK
UKHW031715170726
13836UKWH00001B/253